不忘初心 牢记使命

绘本

中共苏州独立支部的成立

中共苏州市委组织部　编著
苏州革命博物馆

苏州大学出版社
Soochow University Press

内容简介：

本书介绍了中共苏州独立支部的成立过程。1925年9月,中共党员侯绍裘应邀到苏州乐益女子中学校(体育场路4号)任校务主任后,邀请中共党员张闻天等人到苏州任教,与已在该校任教的中共党员、中国社会主义青年团创始人之一叶天底一起,秘密在校内组建了中共苏州独立支部。叶天底任书记兼组织委员,张闻天任宣传委员。中共苏州独立支部是当时中共上海区委下属的9个外埠独立支部之一。它的建立,揭开了苏州人民革命斗争的新篇章,展现了苏州共产党人的初心和使命。

　　1921年7月23日，中国共产党第一次全国代表大会在上海召开。来自7个共产党早期组织的13位代表与2位共产国际代表出席会议。中国共产党第一次全国代表大会通过了党的纲领和工作决议，选举了中央领导机关，宣告中国共产党的正式成立。中国共产党的成立，是开天辟地的大事变。从此，中国出现了全新的、以马克思列宁主义为行动指南、以实现社会主义和共产主义为奋斗目标的集中统一的无产阶级政党，中国革命的面貌焕然一新。苏州的党组织活动由此展开。

19世纪中叶,鸦片战争爆发。长期闭锁的中国国门,被西方列强的坚船利炮轰然打开,清王朝被迫签订了一系列丧权辱国的不平等条约,各帝国主义势力长驱直入,绵延两千余年的封建社会逐渐沦为半殖民地半封建社会。整个国家积贫积弱,任凭帝国主义肆意宰割,人民生活在水深火热之中。

1894年中日爆发甲午之战，清王朝惨败，翌年被迫签订了不平等条约——《马关条约》，将苏州辟为通商口岸。1897年，《中日通商苏州租界章程》订立，盘门外青旸地被辟为日租界。日租界的设立，为外国商品的倾销和资本的输入打开了大门。

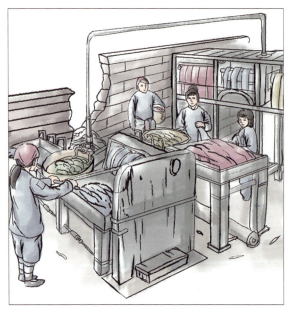

甲午战争后，苏州虽然出现了一些近代工业，但是作坊和工场手工业仍然是主要生产方式，生产环境恶劣，设备陈旧简陋。资本家千方百计压低工资，增加劳动强度，雇佣女工及童工。工人所受的剥削进一步加重，生活状况更趋恶化。以苏纶纱厂为例，工人每天劳动十多个小时，而每日工资报酬仅为女工2角，童工1角，苦力1角5分到2角。

帝国主义在苏州的企业对工人进行了惨无人道的压迫和剥削。例如,日资瑞丰丝厂工人,上下班都要在抄身弄被抄身,稍有反抗,便遭毒打、罚款或开除。厂内那棵老树上,不知吊打过多少工人。抄身弄以及那棵老树,成为外国资本家虐待中国劳工的活见证。

号称"鱼米之乡"的苏州农村,在封建地主官僚的重重盘剥和"洋米""洋面""洋布"的冲击下,也逃脱不了日趋凋敝、气息奄奄的命运。许多农民卖田卖屋,甚至家破人亡。破产后的广大农民被迫背井离乡,或加入城市无产阶级队伍,或沦为农村的无产者——佃雇农。

农民受尽剥削和压迫,终年辛劳,却所得无几。年景稍好,农民还能聊以糊口;一遇灾害,则民不聊生,不得不卖妻典子,苦苦挣扎在死亡线上。

此时，苏州涌现了一批探索救国救民真理的仁人志士，以结社、集会、办报、讲课等形式传播革命、爱国思想，黄摩西、庞树柏、章太炎、朱梁任、包天笑、柳亚子、陈去病等，就是其中的代表人物。1909年，柳亚子、陈去病等在苏州成立南社。这是一个资产阶级革命文化团体，以诗文提振民族气节，传播民族民主革命思想，在中国近代史上产生了重要影响。

第一次世界大战结束后,取得胜利的协约国召开了巴黎和会。在会上,帝国主义列强无视中国人民维护国家领土和主权的正义要求,将战前德国在山东的特权转让给日本,而卖国的北洋军阀政府代表竟然准备在这样丧权辱国的条约上签字。

巴黎和会的消息传回国内,引起一片沸腾。1919年5月4日,北京10所大学3000多名学生在天安门前集会,举行示威游行,反对北洋政府的卖国政策。消息传到苏州后,苏州各大中小学校的师生纷纷走上街头。5月9日下午,东吴大学、省立二中、桃坞中学、晏成中学、萃英中学等校学生在公共体育场召开大会,抗议北洋政府的卖国行径和帝国主义列强的强盗行为。

　　1919年5月18日，苏州学生联合会宣告成立，苏州学生运动进入统一组织罢课斗争的新阶段。5月28日，全市20余所学校万余名罢课学生列队前往观前、阊门等闹市区游行，沿途高喊"拒绝巴黎和会签字""外争主权、内惩国贼""废除二十一条卖国条约""争回山东权利""抵制日货"等口号。学生的爱国热情和罢课行动深得各界群众的同情和支持。

1919年6月6日,苏州的工人阶级开始加入反帝爱国浪潮。苏经、延龄、三星等丝织工厂工人首先举行罢工。苏州的码头工人和部分内河航运工人拒绝装运日货,在车站、码头查禁日货。人力车工人在车子背面挂上标语,勉励学生"坚持到底,勿要五分钟热度"。6月16日,苏州火车站全体人员加入沪宁全线铁路工人罢工斗争,迫使全线停运。之后,罢工斗争不断扩大,火柴厂、梗片厂、造纸厂、面粉厂的工人也相继投入罢工的洪流。

在学生联合会的多次要求下,在周边地区罢市风潮的影响下,苏州总商会决定于1919年6月8日下午3时起全面罢市。常熟的罢市斗争于6月10日开始,县商会规定,除与群众日常生活密切相关的行业可根据情况罢市外,其他商店一律全天罢市,并要在门口悬挂"不还青岛、不除国贼、不释学生、不愿开市"的白旗,以表明斗争决心。

1919年七八月间，省立一师学生张建初、华有文、龚宝善、朱枕薪、陈德征等人常在一起交流思想、漫谈时政、探索人生，发现在反帝反封建等重大问题上彼此观点一致，决定组织名为"人社"的团体。陈独秀作为中共早期的马克思主义者，满腔热情地向"人社"提供了《新青年》《劳动界》《工商之友》和《共产党宣言》《两个工人的谈话》等革命书刊，给"人社"以正确的引导。

1921年秋，陈独秀介绍东吴大学学生徐雉与华有文取得联系，在潘儒小学开办工人夜校，进行马克思主义启蒙教育，在工人群众中产生了较大影响。

1920年5月,叶圣陶在苏州编辑出版《妇女评论》。这是国内最早研究和论述妇女运动的专刊之一。刊物登载《无锡丝厂女工的现状》《吴江外来妇女生活状况》等文章,揭露妇女的痛苦生活和悲惨命运,鞭挞社会不平等现状。《妇女评论》就妇女解放道路的问题组织讨论,充分表达了妇女解放的迫切愿望。

　　1923年，柳亚子创办《新黎里》半月刊，传播新文化。在《新黎里》的影响下，吴江各地先后办起《新吴江》《新盛泽》《新同里》等9种"新"字号报刊。

1923年冬,苏州第二高级小学教师顾容川、徐述先、蔡绍裹等,先在草桥中学创办工人夜校,后与东吴大学进步学生费青、宗教界人士毛吟槎等,在丝织工人聚居地濂溪坊白蚬桥创办苏州第一工人俱乐部(对外称联谊社),吸收300多名工人参加识字、京戏、乒乓、国乐、阅报、交谊等活动,培养了葛炳元、张春山、舒正基、陈长和等一批工人骨干。他们在以后的斗争中先后加入中国共产党,成为工会的组织者和领导人。

在新文化运动中，一些建党初期著名活动家经常往来苏州。他们的活动极大地推动了马克思主义在苏州的传播，对于唤起群众、发动革命斗争、建立党的组织、促进国共合作都起了重要作用。1923年10月14日，少年中国学会会员陈启天、杨效春、邓中夏、恽代英、刘仁静、左舜生、杨钟健等17人在苏州留园举行会议。少年中国学会成立于1919年7月，是五四时期最大的群众性进步团体，李大钊、毛泽东、恽代英、邓中夏、赵世炎、张闻天、侯绍裘均为其会员。

在留园会议上,邓中夏、恽代英等左派代表与左舜生、杨晓春等右派代表展开论战。此后,恽代英又多次来苏演讲,在第一工人俱乐部、公共体育场、乐益女子中学校等地,宣传反帝反封建思想,传播马克思主义。

从1925年下半年起,萧楚女也多次来苏州从事革命活动。应侯绍裘之约,他在平林中学作了演讲。五卅运动后期,他又应苏州学生联合会的邀请,与姜长林一起作了关于关税自主的报告。1926年初,萧楚女以中共中央特派员的身份,到吴江等地视察工作。在写给林育南的信中,他介绍了在吴江同几位共产党员和共青团员接触的情况。

　　20世纪20年代，广大产业工人不但在恶劣的环境中超时超量地工作，资本家还巧立名目，屡屡对工人进行罚款和毒打。1925年5月15日，上海日本纱厂资本家枪杀工人顾正红（中共党员），打伤工人十余人，激起了全市民众的愤怒。

1925年5月30日,上海1000多名学生在租界内宣传声援工人,要求收回租界,有100多人被租界巡捕逮捕。随后,万余名群众集中在南京路英租界巡捕房门口,高呼"打倒帝国主义"等口号,要求释放被捕者。英国巡捕竟然开枪屠杀集会群众,打死打伤数十人,还抓捕了数十名群众。这就是震惊中外的"五卅惨案"。

受恽代英、侯绍裘的派遣,姜长林赶到苏州,向叶天底、秦邦宪、许金元等在苏党团员传达了党的指示,决定发动群众,扩大宣传,支援上海人民的反帝爱国斗争。他们组织各界人士开展声援活动,成立了由工人俱乐部、学联、教育会和总商会等团体组成的苏州各界联合会,统一领导全市的声援活动。

1925年6月1日上午,各校学生走上街头,在闹市区、交通要道、茶馆、剧院、码头散发传单,演讲惨案经过,鼓动工人、商人、市民雪耻救国。6月2日,又有20多所学校的2000多名学生在公共体育场集会。会后,大家手持旗帜,上街游行,沿途高喊"打倒帝国主义""废除不平等条约""援助上海失业工人"等口号,将苏州的声援活动推向一个高潮。

　　五卅运动中,上海工人罢工持续数月,生活发生困难,苏州人民积极开展募捐活动,支持上海工人。东吴绸厂工人首先发出倡议:"即日起将荤素菜一概省去,改吃咸菜、酱油汤,将省下来的钱接济上海的工人。"全市36家丝织厂工人半月内共节约菜金2200多元,汇寄到上海。其他行业也纷纷行动,竞相捐献。6月6日,全市各校统一行动,组成1000余个劝募小组,分别向茶馆、书场、戏院、饭店、殷实人家及路人劝捐。

乐益女子中学校在全市各校率先开展募捐活动。在该校教师、中共党员叶天底组织下,1925年6月3日,先在学生中募捐。次日,派出4名学生和3名教师去无锡劝捐,散发传单,扩大影响。叶天底在校方支持下,组织学生义演筹款。三天演出,场场客满,引起轰动。

在工人、学生爱国热情的感召下，商业、文艺、市民公社等各界人士也纷纷解囊，苏州共募集捐款近两万元。后上海市总商会退还6000元。1925年7月10日，苏州各界联合会决定，用这笔退款将马军弄拓宽成大路，并取名"五卅路"永志纪念。

五卅运动后期，从抵制日货、英货转入争取关税自主的斗争，苏州学界、商界越来越认识到关税自主的重要性。1925年11月24日，苏州学联组织学生就关税自主问题到玄妙观和阊门马路作演讲，并在全城散发传单数万份。12月26日，苏州学联再次致电段祺瑞执政府，指出："保护本国工商业之发展，非关税自主不可"；关税能否自主，"实我民族经济解放之第一重要关键"。这一新的觉醒，无疑是五卅运动的一大思想成果。

1923年7月,中共上海地方委员会兼江浙区执行委员会(简称中共上海地委)在讨论组建外埠党组织时,将苏州列入首批计划。之后,陆续派出党员到苏州活动。1924年上半年,中共党员潘志春回到苏州,和进步青年顾容川等在丝织工人中积极活动,向工人传播革命思想,启发他们觉悟。

1925年5月,中共上海地委批准成立中共苏州支部,当时仅候补党员陆秋心一人,影响甚小。8月,中共上海地委改组为中共上海区委后,决定由侯绍裘负责重建党组织。9月初,侯绍裘、叶天底、张闻天在乐益女子中学校成立中共苏州独立支部。叶天底任书记兼组织委员,张闻天任宣传委员。中共苏州独立支部是当时中共上海区委下属的9个外埠独立支部之一。

侯绍裘，字墨樵，1896年6月4日出生于江苏省松江县（今属上海市）。4岁读私塾，13岁进华娄高小，17岁考入松江的江苏省立第三中学。他自幼勤奋好学，博览群书，尤爱读史，崇敬民族英雄。1918年考入上海南洋公学（今上海交通大学前身），攻读土木工程专业。

1919年,侯绍裘积极投身五四运动,领导了上海的学生运动,担任上海学联教育科书记、全国学联文牍等职。同年,侯绍裘和同学创办了上海工界第一所义务学校——南洋义务学校。该校招收徐家汇一带的工人、店员、小手工业者和农家子弟等,教授文化知识,特别注重爱国主义教育。这种针对工人和平民的革新教育,在全国还是首创。同时,侯绍裘还编辑出版《劳动界》,宣传劳工神圣思想。

1921年,侯绍裘、朱季恂创办景贤女子中学。景贤女中发扬五四精神,宣传社会主义,鼓励学生关心国家大事,教育学生以"改造社会"为己任,学习新思想,走在时代的最前面。侯绍裘坚持民主办学,改革教学内容和方法,学校面貌为之焕然一新,成为闻名江、浙、沪的进步女校。

1923年秋,侯绍裘加入中国共产党。不久,他就在《松江评论》上发表《我们应该做怎样的青年》,大声呼吁要做改造社会的革命青年,"要认定一个人不是为一己而生,是为社会、为人类而生,以最多数人之最大幸福为人生的最终目的、最大责任,而以此责任为乐"。"以最多数人之最大幸福为人生的最终目的、最大责任"是侯绍裘的人生追求,他也最终以生命履行了这一诺言。

1925年8月，侯绍裘受命到苏州开展建党工作。此后，侯绍裘还主持了国民党江苏省党部工作，参加了上海工人三次武装起义。1927年4月11日凌晨，正在召开紧急会议的侯绍裘等数十人突然遭到反动军警的包围并被捕。敌人先行诱降，后施酷刑，侯绍裘都毫不动摇。不久，侯绍裘被残忍杀害，尸体被抛入南京九龙桥畔的秦淮河中，时年31岁。

叶天底,原名霖蔚,又名天瑞、天砥,1898年生于浙江省上虞县谢家桥村。1920年3月,参加杭州"一师学潮",在斥责警察镇压学生时,被警察用枪托击中面部,晕倒在地。从此,叶天底对当局彻底失望,走上革命道路。

1920年,叶天底来到上海,在一家印刷所负责校对《新青年》文稿,并在陈独秀、邵力子等人影响下,逐渐接受了马克思主义启蒙教育。当时,上海共产主义小组正在积极进行社会主义青年团的创建工作,叶天底参加了陈独秀召集的在新渔阳里6号密商组织的筹备会议。8月22日,上海社会主义青年团成立,叶天底成为其创始人之一和首批团员。

上海共产主义小组为培养革命干部，在新渔阳里6号开办了外国语学社，由杨明斋负责，俞秀松任秘书，叶天底和施存统等主持社务。叶天底在此期间努力攻读俄语和马克思主义著作，极大地提高了自己的思想认识。1921年春，党组织选派叶天底去苏联学习，但因身体原因最终未能成行。1923年，叶天底加入了中国共产党。

1924年7月,叶天底受乐益女中的邀请,到该校教书。在教书期间,除了给学生们上好课外,还向她们传授进步思想,团结了一批追求进步的青年知识分子,积极投身于苏州的革命活动。五卅运动期间,在校方的支持下,叶天底组织学生义演筹款,帮助开展罢工运动的上海工人。

1925年9月,叶天底同侯绍裘、张闻天在乐益女中建立中共苏州独立支部,并担任书记兼组织委员。1926年春,叶天底返乡养病,其间在当地开展农民运动,并于同年7月建立中共上虞县直属支部。1927年11月12日,叶天底在家中被捕,关押于杭州浙江陆军监狱,在狱中写下"先烈之血,主义之花"的遗言。次年2月8日,叶天底在杭州就义,时年30岁。

张闻天，1900年出生于江苏省南汇县（现属上海市），原名应皋（也作荫皋），曾化名洛甫，字闻天。1917年，张闻天考取河海工程专门学校。入学后，张闻天学习了西方先进的科学技术知识，接触了欧美的政治、文化思想，受到了民主、自由的熏染和科学精神的陶冶。《新青年》对他的触动特别大，让他常有醍醐灌顶的感受。

1919年5月,张闻天在南京参加五四学生运动,他积极投身反帝爱国斗争,成为河海工程专门学校乃至南京学界最为活跃的学生之一。此外,他还奋笔撰写时政文章,热情地传播马克思主义。1919年8月,张闻天在《南京学生联合会日刊》上发表《社会问题》一文,介绍唯物史观,宣传《共产党宣言》,这是在我国较早传播马克思主义的文章之一。

1919年12月，张闻天加入了一个新生的进步青年组织——少年中国学会。学会的宗旨是"本科学的精神，为社会的活动，以创造少年中国"，很符合张闻天当时对社会的态度与期许。张闻天入会的消息在《少年中国》第1卷第8期（1920年2月出版）上公布，同时公布的新会员名单中还有毛泽东。

"五卅惨案"发生的次日,张闻天投身示威群众的洪流。在南京路上有位朋友问他:"为何不参加国民党?"他脱口回答:"我要加入CP(共产党英文简称)!"张闻天的好友沈泽民听说了这件事后,十分高兴。沈泽民早在1921年就加入了中国共产党,一直盼望着自己的挚友有参加无产阶级先锋队的自觉。1925年6月初,张闻天在沈泽民和董亦湘的介绍下,在上海正式加入中国共产党。

张闻天加入中国共产党后接受的第一个任务,是到苏州参加党的工作。1925年8月,张闻天来到苏州,以乐益女子中学校国文教员的身份为掩护,秘密开展党的工作。张闻天在教授国文时,注重题材内容选择,专门选讲世界著名短篇小说的白话译本,包括法国都德的《最后一课》、日本芥川龙之介的《鼻子》、俄国安德列耶夫的《齿痛》等等。通过国文课,张闻天教导学生们做放眼看世界的人,不要拘泥于自身,而要关心人民大众。

1925年10月,张闻天被派往莫斯科中山大学学习。此后,张闻天继续探索救国救民道路。他是中国共产党早期重要领导人,曾担任中共中央宣传部部长。他在跌宕曲折的一生中坚定信念、坚持真理,将毕生精力献给了党和人民。1976年7月,张闻天因病逝世。

中共苏州独立支部成立后,以乐益女子中学校为基地,宣传革命形势,启发群众觉悟,推动党团组织的发展。课余时间,侯绍裘、张闻天、叶天底经常到学生中去,通过谈心、交流思想培养积极分子,创造条件发展党员。

1925年9月7日,这一天本该是乐益女子中学校正式开课的日子,但为铭记《辛丑条约》(1901年9月7日签订)之"国耻日",学校悬半旗,举行演讲会。侯绍裘主持大会,张闻天主讲《帝国主义与辛丑条约》,叶天底主讲《"九七"与"五卅"》,对全校师生进行爱国主义教育。

中共苏州独立支部成员还将工作范围扩大到校外,特别注意深入到产业工人中。他们经常走进工厂,了解情况,进行教育,团结工人积极分子,推动了产业工人中党团组织的发展。

1925年12月,天孙丝厂发生劳资纠纷,工人举行罢工。中共苏州独立支部派人前往支持,并发动其他工厂声援,罢工斗争最终取得胜利。

1926年2月，中共党员李强（当时名曾培洪）受中共上海区委负责人罗亦农之命，从上海回常熟筹建党组织。他在常熟首先发展了2名共青团员，接着又结识了另一名放寒假回家的中共党员周文在。2月中旬，李强等4人成立了中共常熟特别支部，李强任书记，属中共上海区委领导。

1924年，进步青年孙选结识了侯绍裘，开始接受共产主义思想。1925年5月16日，孙选加入中国共产党。接着，中共上海地委决定建立中共江阴支部，由孙选任支部书记。1926年4月，中共江阴支部改为独立支部，主要活动在今张家港市西部地区。

1926年8月,中共党员王芝九受组织派遣到昆山开展革命活动。王芝九以昆山县立中学训育主任职务为掩护,一方面着手筹建国民党县党部,另一方面根据中共中央关于"在国民党中的我党党员和团员应该成立秘密组织"的指示,建立中共昆山独立支部,并任支部书记,属中共上海区委领导。

中共苏州独立支部建立后，党、团一起活动，共青团工作由独立支部书记叶天底统一领导。由于独立支部的活动引起了当局的注意，迫于压力，侯绍裘、叶天底先后离开苏州，由许金元接任独立支部书记。1926年1月，党、团组织分开，并单独成立中国共产主义青年团苏州特别支部，由工专学生周学熙任书记，属共青团江浙区委领导。

苏州各党组织对于经过教育和实践锻炼涌现出来的条件成熟的积极分子,及时地吸收入党,壮大党的力量。中共苏州独立支部在乐益女中吸收入党的有教师王芝九、徐镜平、张世瑜及学生沈霭春等,在其他学校吸收入党的有许金元、汪伯乐等,在产业工人中发展的党员有葛炳元、张春山等。到1925年年底,中共苏州独立支部已有党团员24人。

1921年中国共产党正式成立后，中国革命的面貌焕然一新。1923年，中共三大确定了国共合作的方针。1924年1月，孙中山主持召开国民党第一次全国代表大会，确定了"联俄、联共、扶助农工"三大政策，第一次国共合作形成，推动了中国民主革命的进程。苏州地区各项革命活动迅速开展起来。

苏州各地中共组织建立后,按上级指示,为推进国共合作,积极发展国民党员,建立国民党基层组织和县级组织。1925年11月4日,在侯绍裘指导下,国民党苏州市党部成立。至1926年年底,国民党苏州市党部下辖区党部4个,党员近200人。

虽然当时吴江境内还没有中共组织,但是侯绍裘、张应春等中共党员与国民党元老柳亚子等进步人士志同道合,他们积极宣传党的革命主张,努力扩大党的影响。

1926年7月9日,国民革命军誓师北伐,分三路向湖南、江西、福建进军。由于中国共产党组织各地工农群众积极支援和配合,北伐军所向披靡,势如破竹。其中第三路军经福建、浙江进入江苏,逼近苏州。

北伐军誓师北伐的消息传到苏州,军阀们预感末日来临,加紧镇压革命活动。中共苏州独立支部和共青团苏州特别支部冒着极大的危险,秘密开展策应北伐军抵苏的准备工作。时任苏州独立支部书记的汪伯乐利用教师身份掩护,与阊门外中华体专校长柳伯英合作,秘密建立"迎接北伐军中心组",筹建自卫武装,并深入工厂、学校开展宣传发动工作。

由于叛徒出卖,汪伯乐和柳伯英遭到军阀逮捕,并于1926年12月16日在南京遇害。汪伯乐不幸牺牲的消息传来,中共苏州独立支部采取紧急措施,选举顾容川接任书记和国民党苏州市党部常务委员,并布置大部分党员转移隐蔽。他们在上海等地继续指挥苏州的革命活动,待局势稍微平静,又立即回到苏州,开展迎接北伐军的工作。

　　在苏州革命力量的大力配合下,1927年3月21日,北伐军进入苏州城。3月26日,北伐军收复苏州全境,革命的领导权掌握在共产党人手中,苏州的工农群众运动掀起了一个高潮。3月31日,苏州总工会正式成立,中共党员舒正基、葛炳元担任总工会执行委员会正副委员长。3月下旬,吴县农民协会筹备委员会成立,开始领导当地的农民运动。此外,商民协会、妇女联合会、教育协会、学生联合会等进步团体也相继成立。

1927年3月24日,英、美军舰炮轰南京,中国军民伤亡惨重。南京惨案的消息传到苏州,中共苏州独立支部和共青团苏州特别支部对南京惨案做出公开反应,声讨帝国主义支持军阀、阻挠北伐的罪行。这是自1925年5月中共苏州党组织建立以来,党、团组织首次公开自己组织的名称,这对正处于大革命高潮之中的苏州人民是极大的鼓舞。

轰轰烈烈的大革命后,1927年中国共产党高举武装起义大旗,创建中国工农红军,开辟红色革命根据地。抗日战争爆发后,在中国共产党倡导下,全国各界结成抗日民族统一战线,最后战胜了入侵的敌寇。此后,中国共产党领导了解放战争并取得全面胜利。

经过28年艰苦卓绝的斗争,中国共产党胜利完成新民主主义革命的任务。1949年4月27日,党领导的人民军队解放了苏州,千年古城回到了人民的怀抱。1949年10月1日,中华人民共和国宣告成立。

中华人民共和国成立后,中国共产党在以毛泽东同志为核心的党的第一代中央领导集体带领下,以毛泽东思想为指导,取得了社会主义革命和建设的伟大成就,并在艰辛探索社会主义建设规律的过程中积累了宝贵经验。社会主义基本制度的建立,为当代中国一切发展进步奠定了根本政治前提和制度基础。

1978年12月中共十一届三中全会以后,中国共产党在以邓小平同志为核心的党的第二代中央领导集体带领下,坚持解放思想、实事求是的思想路线,做出了把党和国家的工作重心转移到经济建设上来、实行改革开放的历史性决策,吹响了建设中国特色社会主义的时代号角,指引全国各族人民在改革开放的伟大征程上阔步前进。

改革开放40年来,苏州市委高举中国特色社会主义伟大旗帜,在党中央正确领导下,按照江苏省委的各项工作部署,不断推进农村改革、城市改革以及其他各项改革,不断开拓国内国际两个市场,开放型经济取得辉煌成就。经济建设、政治建设、文化建设、社会建设、生态文明建设和党的建设都取得了历史性成就。

2012年11月党的十八大以来,中国共产党在以习近平同志为核心的党中央带领下,取得了改革开放和社会主义现代化建设的历史性成就,党和国家事业全面开创新局面。2017年10月,党的十九大召开,中国特色社会主义进入新时代,中国共产党不忘初心、牢记使命,高举中国特色社会主义伟大旗帜,决胜全面建成小康社会,夺取新时代中国特色社会主义伟大胜利,为实现中华民族伟大复兴的中国梦不懈奋斗。

苏州革命博物馆位于苏州市三香路1216号,1993年10月建成开馆。目前累计接待观众300余万人次,是宣传中共苏州地方史和进行革命传统教育、爱国主义教育的重要阵地,先后被命名为江苏省爱国主义教育基地、江苏省社会科学普及示范基地、江苏省党员教育实境课堂示范基地。

　　亦爱庐——中共常熟特别支部旧址,位于常熟市古城中部通江路12号。亦爱庐占地面积280多平方米,建筑面积156.8平方米,为两进楼房,内部建筑多有整修,原貌已有改变。亦爱庐于1982年11月被评为常熟县文物保护单位。

中共昆山独立支部纪念碑位于昆山市马鞍山中路619号（昆山市第一中学校园内）。该碑占地面积41.6平方米，由铭文碑石和石塑党旗组成。中共昆山独立支部纪念碑于2001年6月被评为昆山市爱国主义教育基地。

中共浙西路东特委、中共吴兴县委旧址位于吴江市桃源镇铜罗社区枫桥北堍。1940年11月,中共浙西路东特委和中共吴兴县委将机关设在福泰兴烟纸店内,开展秘密工作。中共浙西路东特委、中共吴兴县委旧址于2014年被评为苏州市文物保护单位。

　　太仓第一个中共支部纪念馆位于太仓市璜泾镇杨漕村。1940年，太仓第一个中共支部——杨漕乡支部建立，开创了太仓抗日新局面。太仓第一个中共支部纪念馆占地面积3500多平方米，建筑面积850多平方米，全面展示了太仓党组织的历史和丰功伟绩。太仓第一个中共支部纪念馆于2011年被评为苏州市爱国主义教育基地。

园茂里——1926党支部旧址位于张家港市塘桥镇金村村,是原中共金村党支部开展地下革命工作的秘密联络点。中共金村党支部成立于1926年7月,为张家港市成立最早的党支部。党支部旧址于2017年被评为苏州市党员干部现代远程教育示范站点。

图书在版编目（CIP）数据

中共苏州独立支部的成立 / 中共苏州市委组织部，苏州革命博物馆编著. —— 苏州：苏州大学出版社，2018.6（2019.12 重印）

（不忘初心 牢记使命绘本）

ISBN 978-7-5672-2481-0

Ⅰ. ①中… Ⅱ. ①中… ②苏… Ⅲ. ①中国共产党—地方组织—党史—苏州—通俗读物 Ⅳ. ①D235.533-49

中国版本图书馆CIP数据核字（2018）第120256号

书　　名	中共苏州独立支部的成立
编　　著	中共苏州市委组织部 苏州革命博物馆
责任编辑	刘诗能
装帧设计	苏州梦起宏图文化创意有限公司
出版发行	苏州大学出版社
印　　装	苏州市深广印刷有限公司
开　　本	889×1194 1/64　印张 1.25　字数 20千
版　　次	2018年6月第1版
印　　次	2019年12月第二次印刷
书　　号	ISBN 978-7-5672-2481-0
定　　价	12.00元

版权所有　侵权必究